TURID RUGAAS

Hilfe, mein Hund zieht!

animal Learn®

VERLAG

8. Auflage 2023

Titel der norwegischen Originalausgabe:
Hva gjør jeg når hunden drar i båndet?

ISBN-10: 3-936188-11-4
ISBN-13: 978-3-936188-11-0

Übersetzung ins Deutsche: Sonja Hoegen
Lektorat: Sonja Zbinden, Susanne Artmann
Fotos: Kirsten Berger, Turid Rugaas, Annette Gevatter
Illustrationen: Jürgen Zimmermann, Stuttgart
Satz & Layout: Annette Gevatter, Riegel a.K.
Druck: FINIDR, s.r.o., Český Těšín, Tschechische Republik

Alle Rechte der deutschen Übersetzung:
animal learn Verlag
Am Anger 36, 83233 Bernau
Email: animal.learn@t-online.de
www.animal-learn.de

INHALTSVERZEICHNIS

VORWORTE VON
SHEILA HARPER UND SALLY ASKEW

Ich habe Turids Training zur Leinenführigkeit über einige Jahre mit großem Erfolg bei Rettungshunden eingesetzt, die an der Leine zogen.

Dann hatte ich endlich die Gelegenheit auszuprobieren, wie man einen Welpen damit trainiert, der noch keine anderen Trainings oder auch unbewussten Einwirkungen kennen gelernt hatte. Mein Alaskan Malamute-Welpe war der Auserwählte! Taku würde eines Tages ein wirklich großer Hund werden und deshalb war es mir wichtig, dass er lernte, sein Gewicht nicht gegen meines zu setzen.

Der Vorteil dieser Methode ist nicht nur, dass sie sehr schnell von Hund und Halter zu erlernen ist. Ich bemerkte auch, dass Taku sich selbst korrigierte, sobald auch nur die kleinste Anspannung auf die Leine kam. Durch Umstände während seiner Jugend, die ich nicht kontrollieren konnte, war es leider so, dass er sich als erwachsener Hund extrem aufregte, wenn er andere Hunde sah. Die meisten Hunde springen in solchen Situationen in die Leine und ziehen wie verrückt. Taku nicht! Er ließ sich durch das Signal ganz leicht auf mich konzentrieren und so konnte ich ihn ohne große Mühe in eine andere Richtung führen.

Der Erfolg dieses Trainings hält noch heute an. Er ist jetzt sieben Jahre alt und es ist noch immer ein Vergnügen, mit ihm spazieren zu gehen.

Ich habe viele Trainingsmethoden zur Leinenführigkeit ausprobiert und habe keinen Zweifel daran, dass Turids Methode die beste für Hund und Halter ist. Sie reduziert für beide den Stress und bietet die Möglichkeit, ohne negative Einwirkungen miteinander zu arbeiten. Was für ein Glück für Mensch und Hund!

Sheila Harper und Taku

Vor einigen Jahren, während eines Trainingscamps in den Hügeln von Yorkshire, gingen Sheila und ich zusammen spazieren und ich hatte die Ehre, Taku an der Leine zu führen – was nicht viele dürfen!

Wir gingen auf einem engen Pfad um eine Kurve und standen plötzlich mitten im Chaos. Schafe zur Linken, nur einen Meter entfernt, anderes Vieh auf der rechten Seite, ebenso nah. Ich frage mich, ob da irgendein Hund ruhig geblieben wäre. Taku jedenfalls nicht. Er bellte und brüllte und machte all die Furcht erregenden Geräusche, die ein Malamute so machen kann. Er sprang auf und ab, nach links und rechts – an einer total lockeren Leine! Ich stand da, mit dieser tatsächlich locker durchhängenden Leine, an deren Ende ein hysterischer Hund tobte. Ich muss gestehen, dass ich das Ganze irgendwie genossen habe. Es war wirklich bemerkenswert!

Natürlich fanden wir einen Ausweg aus dieser Situation. Und sie ist eine meiner schönsten Erinnerungen an den wunderbaren Sommer in den Yorkshire Dales.

Turid Rugaas

Bezugnehmend auf ein Sommercamp in Hardraw, Yorkshire:

Turids Botschaft ist sehr stark; ihre Methode ist so einfach und gleichzeitig so feinfühlig. Ihr Ansatz ist erstaunlich einzigartig und ich kenne zumindest hier in diesem Land niemanden, der ihre Herangehensweise an Hunde hat. Es ist eine ganzheitliche Herangehensweise, die Menschen dazu einlädt, die Welt aus der Sicht des Hundes zu betrachten.

Turid glaubt fest daran, Hundehaltern die Kunst der Leinenführigkeit beizubringen. Sie hat ihren eigenen, unkomplizierten, aber effizienten Ansatz, den sie demonstriert und propagiert. Wie bei allem, was Turid lehrt, hat ein einfaches Werkzeug viele Vorteile. In diesem Fall kombiniert die Methode gleich mehrere Punkte, denn sie zeigt:

- Wie man die Aufmerksamkeit des Hundes erhält.
- Wie man den Stress für den Hund reduziert, indem man den Druck vom Hals nimmt.
- Wie man den Hund vom Ziehen an der Leine abhält.
- Wie man ein freudiges und zuverlässiges Herankommen trainiert.
- Wie man das Denkvermögen des Hundes aktiviert.
- Wie man dem Hund die Chance gibt, Beschwichtigungssignale einzusetzen.
- Wie man das Problem mit springenden, bellenden oder aggressiven Hunden an der Leine lösen kann.
- Wie man den Stresslevel des Hundeführers reduzieren kann.

Und sie erklärt uns Menschen, wie sehr sich ein Hund konzentrieren muss, um nicht nur ordentlich an der Leine zu gehen, sondern auch noch all die anderen Reize aufzunehmen und zu verarbeiten, die er während eines Spaziergangs wahrnimmt.

Alles in allem also ein sehr nützliches Werkzeug.

Sally Askew

WIE ALLES BEGANN...

Über die Jahre hinweg fragte ich die Schüler, die meine Trainerklassen besuchten immer wieder, was sie ihren Hunden unbedingt beibringen wollten. Die Antwort, die auf der Liste ganz oben stand, war „ordentlich an der Leine zu gehen".

Als Nächstes wurden „Aufhören Leute anzuspringen", „Herankommen auf Zuruf" und noch einige andere genannt. Aber Leinenführigkeit war immer der absolute Renner.

Sehr verständlich! Ich kann mir kaum etwas Nervigeres vorstellen, als mit einem Hund spazieren zu gehen, der wie verrückt an der Leine zieht und andere Hunde, Spaziergänger oder auch Fahrradfahrer anspringt. Außerdem kann das auch sehr gefährlich sein.

Im Winter vor ein paar Jahren war alles vereist und glatt. Die Leute konnten sich kaum auf den Beinen halten und hatten dann noch ziehende und zerrende Hunde an der Leine, die ihnen das Leben auf glattem Eis zusätzlich schwer machten. Manche fielen hin und brachen sich irgendwelche Knochen, weil ihre Hunde sie umherzogen und sie sich nicht auf den Beinen halten konnten. Zu diesem Zeitpunkt entschied ich mich, eine Trainingsmethode zur Leinenführigkeit zu entwickeln. Die Hunde sollten lernen, an lockerer Leine zu gehen. Außerdem sollte es mit dieser Methode möglich sein, Hunde wieder an diese Aufgabe zu erinnern, wenn sie sie einmal vergessen hatten und wieder anfingen zu ziehen. Denn natürlich vergessen auch Hunde manchmal, was sie eigentlich gelernt haben – das geht nicht nur uns Menschen so.

Ich wollte eine sanfte Methode finden. Eine, die dem Hund keine Schmerzen zufügt, die ihn nicht verängstigt oder stresst. Die meisten Methoden, die ich bis dahin gesehen hatte, waren nicht sanft.

Ein wenig später bekam ich meine Chance. Ich absolvierte einen einjährigen Trainerkurs an der Groruddalen Veterinärklinik außerhalb von Oslo. Wir sollten uns alle ein Projekt aussuchen, das wir innerhalb dieses Jahres bearbeiteten. Da ich eine sehr praktisch veranlagte Person bin, suchte ich mir natürlich ein praktisches Thema aus: Ich entschied mich dafür, eine Methode zum Training der Leinenführigkeit zu entwickeln.

Das wurde ein großer Spaß. Ich inserierte in verschiedenen Zeitungen und so kam ich augenblicklich zu 204 „Versuchskaninchen": Hunde, die aus allen möglichen Gründen mehr oder weniger stark an der Leine zogen. Der jüngste war ein vier Monate alter Collie-Welpe. Der älteste war ein 14-jähriger Norwegischer Elchhund. Es waren wirklich alle Rassen, Altersklassen und Hundetypen vertreten.

Damit die Ergebnisse meiner Projektarbeit auch wirklich anerkannt würden, musste ich die Datensammlung hierfür nach strengen Richtlinien aufbauen und strikte Regeln einhalten. Ich brauchte Zahlen, denn für die meisten Leute sind Statistiken sehr wichtig und ich musste meine Ergebnisse so darlegen, dass sie nachvollziehbar waren.

Der Einfachheit halber wollte ich Folgendes ausprobieren:

- Falsches Verhalten ignorieren, indem ich anhalte, wenn der Hund zieht.
- Nichts weiter tun, außer dem Hund die Möglichkeit zu nehmen, zu ziehen.
- Loben und Belohnen, wenn der Hund ohne zu ziehen an der Leine läuft.

Um gültige Ergebnisse zu bekommen, suchten wir uns eine bestimmte Strecke aus und zählten, wie oft der Hund auf dieser Weglänge an der Leine zog.

Zu diesem Zeitpunkt war die Methode sehr einfach strukturiert und ziemlich unflexibel. Im Laufe der Jahre habe ich sie noch etwas verändert, indem ich Elemente hinzugefügt und an einigen Punkten verbessert habe. Aber dazu später.

Jeder Hund des Projekts wurde mit einer Grafik dargestellt, die aufzeigte, wie oft er vom 1. bis zum 30. Tag an der Leine gezogen hatte. Zum Schluss hatte ich 196 Grafiken, eine für jeden Hund. Sie waren sich so ähnlich, dass sie wie Kopien gewirkt hätten, wenn ich sie alle aufeinander gelegt hätte!

Dann erstellte ich eine Durchschnittskurve, die so aussah:

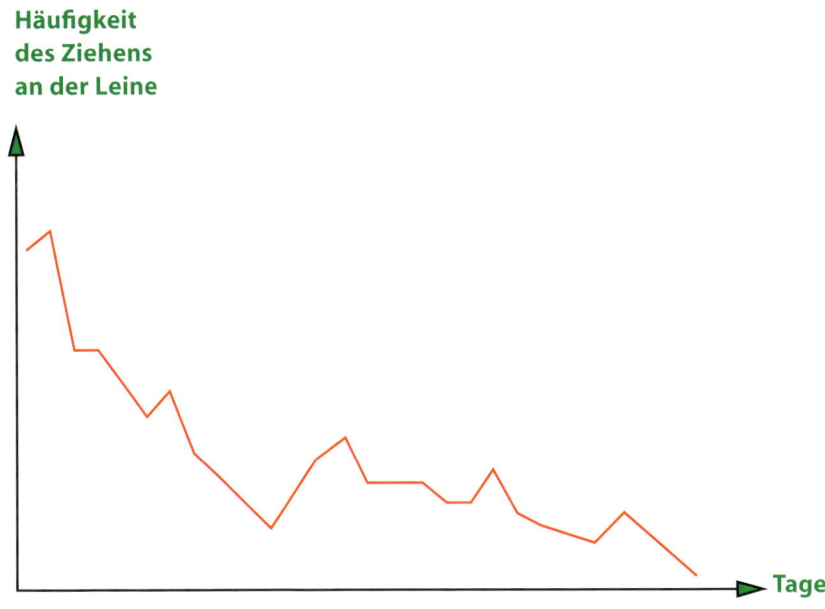

Am ersten Tag zog ein Hund durchschnittlich über 70 Mal an der Leine. Nach 30 Tagen zog er auf der gleichen Strecke nur noch ein Mal, und die Stärke des Zugs war fast nicht spürbar.

Nach Beendigung des Projekts war ich mir sicher, auf dem richtigen Weg zu sein. Ich wollte die Methode jedoch noch ein wenig verändern. Der Anfang der Übung musste einfacher werden, denn erstens sollten die Hunde nicht überfordert werden und zweitens sollte es für die Menschen wirklich leicht sein, dieses Training zu erlernen und selber durchzuführen.

Ich experimentierte mit verschiedenen Lösungsansätzen und verfeinerte die Trainingstechnik. So entwickelte ich Stück für Stück die Methode, die ich heute benutze. Ich habe sie Leuten auf der ganzen Welt beigebracht und bin zufrieden mit ihr. Sie ist für jeden einfach anzuwenden, es bedarf nur eines Minimums an Hilfe und Erklärungen, und sie ist so einfach, dass auch die Hunde sehr schnell verstehen, worum es geht.

Manchmal bekomme ich geradezu euphorische Rückmeldungen wie: „Ich LIEBE deine Arbeit zur Leinenführigkeit". Das freut mich! Besonders deshalb, weil es in Konsequenz oft auch ein besseres Leben für den Hund bedeutet.

Schauen wir uns die Methode an.

DIE GRUNDSÄTZLICHE IDEE DER METHODE

Betrachten wir die Methode als eine Art von Rezept, so brauchen wir zum Arbeiten folgende Zutaten:

- einen Hund
- eine Person
- ein Brustgeschirr oder ein breites, weiches Halsband
- eine Leine (anfangs noch nicht nötig)
- Leckerchen

Die Ausführung in Kurzversion

- Bringen Sie dem Hund ein Signal (zum Beispiel ein Zungenschnalzen oder einen Pfiff) bei, welches bedeutet: „Nimm kurz Blickkontakt mit mir auf und folge mir!"

- Halten Sie sofort an, wenn Druck auf die Leine kommt oder wenn der Hund schneller wird und dieser Druck gleich entstehen würde.

- Warten Sie zwei Sekunden. Stehen Sie dabei still, sagen Sie nichts.

- Geben Sie das Signal. Dreht sich der Hund daraufhin zu Ihnen um: Loben Sie ihn.

- Laufen Sie ein paar Schritte in eine andere Richtung, der Hund wird Ihnen folgen.

- Belohnen Sie den Hund dafür.

Wiederholen Sie das Signal immer, wenn Sie die Richtung wechseln oder wenn der Hund sonst an der Leine ziehen würde.

Halten Sie an, wenn der Hund zieht.

Geben Sie das Signal.

Gehen Sie in die andere Richtung, der Hund folgt Ihnen.

DER AUFBAU DER EINZELNEN ÜBUNGSSCHRITTE

Bei den ersten drei Arbeitsschritten brauchen Sie die Leine noch nicht.

Schritt 1

Bringen Sie dem Hund ein einfaches, neutrales Signal bei, das Sie beliebig reproduzieren können. Schnalzen Sie zum Beispiel mit der Zunge oder klopfen Sie sich mit der Hand auf den Oberschenkel. Dieses Zeichen soll für den Hund bedeuten: „Nimm kurz Blickkontakt mit mir auf und folge mir".

So bringen Sie es ihm bei:

- Beginnen Sie in einem Raum oder an einem anderen ruhigen Ort ohne Ablenkungen.

- Achten Sie darauf, dass sich der Hund gerade in Ihrer Nähe befindet und halten Sie etwas Futter/ ein Leckerchen in der Hand.

- Geben Sie das Signal.

- Da Hunde neugierig sind, wird sich Ihr Hund in die Richtung wenden, aus der das Signal kam. Er möchte herausbekommen, was für ein Geräusch das ist.

- In genau dem Moment, in dem er sich umdreht, loben und belohnen Sie ihn.

- Wiederholen Sie das ein paar Mal hintereinander. Er wird schnell lernen, dass das Geräusch etwas Gutes bedeutet.

- Nach einigen Wiederholungen und nicht mehr als ein paar Minuten Training werden Sie sehen, dass der Hund Signal und Belohnung miteinander verknüpft hat.

Schritt 1:
Der Hund hat nun gelernt, dass er eine kleine Leckerei bekommt, wenn er sich nach Wahrnehmen des Geräusches zu Ihnen umdreht.

Schritt 2:
Jetzt hat der Hund gelernt, dass er Ihnen folgen muss, um seine Belohnung zu bekommen.

Schritt 2

- Bleiben Sie an einem ruhigen Ort.

- Machen Sie das Geräusch.

- Loben Sie den Hund, wenn er sich umdreht, und gehen Sie ein paar Schritte rückwärts von ihm weg.

- Er wird Ihnen folgen, um seine Belohnung zu bekommen.

Schritt 3

- Bleiben Sie noch immer an einem Ort mit wenig Ablenkung.

- Geben Sie das Signal.

- Loben Sie den Hund, wenn er sich zu Ihnen umdreht.

- Gehen Sie zwei bis drei Schritte weg. Nicht mehr, sonst wird der Hund frustriert und gibt auf.

- Belohnen Sie ihn, wenn er nachkommt.

- Geben Sie noch einmal das Signal und wechseln Sie die Richtung.

- Wiederholen Sie diese kleine Übung drei-, vier-, fünfmal hintereinander. Nicht öfter.

- Wechseln Sie während der Übung öfter mal die Richtung. Geben Sie beim Richtungswechsel immer das Signal und loben und belohnen Sie Ihren Hund, wenn er Ihnen in die vorgegebene Richtung folgt.

Schritt 3:
Der Hund hat nun gelernt, dass er Ihnen folgt und mit Ihnen dort hingeht, wo Sie es wünschen, wenn Sie das Signal geben.

Schritt 4

- Bleiben Sie noch immer an einem Ort mit wenig Ablenkung.

- Benutzen Sie eine Leine (keine ausziehbare, so genannte Flexileine!) und wiederholen Sie die Übung genau so wie beim letzten Übungsschritt.

- Halten Sie die Leine immer locker. Achten Sie darauf, dass Sie nicht ziehen oder sonst irgendwie Druck auf die Leine geben.

**Schritt 4:
Der Hund hat gelernt, Ihnen an einer lockeren Leine zu folgen.**

Schritt 5

- Bleiben Sie noch immer an einem Ort mit wenig Ablenkung.

- Sie können den Schwierigkeitsgrad der Übung jetzt langsam erhöhen.

- Wechseln Sie öfter die Richtung.

- Verlängern Sie die Zeit. Nachdem Sie zunächst nur wenige Minuten geübt haben, trainieren Sie jetzt fünf, dann zehn Minuten.

Verliert Ihr Hund die Konzentration, so ist er müde. Wahrscheinlich haben Sie zu lange mit ihm gearbeitet. Bedenken Sie: Konzentration kann man nicht erzwingen! Das wissen Sie sicher aus eigener Erfahrung. Die Konzentrationsfähigkeit wird durch Alter, Stress und vorangegangene Erfahrungen beeinflusst.

**Schritt 5:
Verlängern Sie nun die Übungsdauer.**

Schritt 6

- Erschweren Sie die Übung nun, indem Sie nach und nach kleine Ablenkungen einbauen.

Ablenkungen können sein:
- Autos in einiger Entfernung,
  später mit weniger Entfernung und
  schließlich trainieren Sie an einer
  viel befahrenen Straße
- Fahrradfahrer
- Kinder auf Rollschuhen
- Katzen
- Pferde, Kühe und andere Tiere
- Kinder, die Fußball spielen
- usw. usw.

- Beginnen Sie immer mit einiger Entfernung von der Ablenkung. Nähern Sie sich langsam an, so dass sich der Hund an die Situation gewöhnen kann.

Schritt 6:
Der Hund lernt bei diesem Übungsschritt, an verschiedenen Orten und auch unter Ablenkung an einer lockeren Leine zu laufen.

Schritt 7

Beginnen Sie nun, nicht mehr jedes Mal eine Futterbelohnung zu geben, sondern nur noch jedes zweite oder dritte Mal, und später noch seltener. Geben Sie mal öfter, mal seltener etwas, aber hören Sie nie ganz damit auf. Ihr Hund sollte ab und zu eine Futterbelohnung bekommen, um das System der so genannten intermittierenden Belohnung aufrecht zu erhalten. Bei diesem System geht es darum, ihn immer in der potentiellen Erwartung zu lassen, dass es etwas Leckeres geben könnte.

Loben können Sie ihn übrigens, so oft Sie wollen. Sie vermitteln ihm dadurch, dass Sie zufrieden mit ihm und seinem Verhalten sind.

Wenn Sie diese Arbeitsschritte systematisch einhalten, werden Sie bald einen Hund haben, der fast immer an lockerer Leine läuft. Wenn Sie beständig dran bleiben, wird das für den Rest seines Lebens so sein.

Eine Person nähert sich schnell.

„Folge mir …

… so ist es fein!"

WARUM ZIEHEN HUNDE AN DER LEINE?

Ein angenehmer Spaziergang mit Ihrem Hund im Ortsbereich oder draußen in der Natur. Gibt es etwas Schöneres?

Wenn man aber an einem ziehenden Hund dranhängt und das Gefühl hat, dass der Arm langsam aber sicher immer länger wird, oder wenn der Hund plötzlich einen Fahrradfahrer anspringt und man mit einem Satz durch die Luft fliegt, dann macht spazieren gehen keinen Spaß.

„Warum tun Hunde das?", fragen viele. Es muss doch auch unangenehm und schmerzhaft für die Hunde selbst sein.

Ja, das ist es. Aber bedenken Sie bitte, dass Hunde ein wenig anders denken als wir Menschen. Sie lernen über direkte Assoziation/
Verknüpfung, und können nicht in gleicher Weise über die Konsequenzen ihres Handelns nachdenken, wie wir das tun. Wir müssen
uns also darüber im Klaren sein, wie Hunde lernen und wie sie as-
soziieren/ gedanklich verknüpfen.

**Schauen wir uns eine Reihe von Gründen für das Ziehen an
der Leine an.**

1. **Der Hund zieht, weil Sie ihm folgen, wenn er es tut.**

   Mit anderen Worten: Sie dürfen ihm nicht folgen!

2. **Der Hund zieht wegen der Art und dem Zeitpunkt Ihrer Korrektur.**

- Der Hund zieht.
- Sie versuchen, ihm das abzugewöhnen, indem Sie energisch an der Leine rucken.
- Um mit der Leine rucken zu können, müssen Sie sie für einen Moment lockern, denn zum Zeitpunkt des Ziehens ist sie ja gespannt.
- Dann kommt der Ruck. Der Hund fühlt den Schmerz und er verknüpft, dass auf eine lockere Leine der Schmerz folgt.
- Er wird nun also alles tun, um eine lockere Leine und den darauf folgenden Schmerz zu vermeiden.

3. **Der Hund zieht, weil er durch ein zu enges, zu kleines, zu schmales Halsband oder durch ein Stachel- oder Ketten-halsband gewürgt wird.**
Er hat Schmerzen im Bereich des Halses und des Nackens, rö-chelt eventuell. Er versucht, diesem Zustand durch Vorwärts-ziehen zu entkommen.

4. **Sie benutzen eine ausziehbare Leine (so genannte Flexileine), die immer auf Zug ist.**
Sie können Ihrem Hund so viele Kommandos geben, wie Sie wollen und er kann alles Mögliche versuchen, um ordentlich mit Ihnen zu gehen, die Leine ist immer auf Zug und unbe-quem gespannt. Der Hund gibt seine Bemühungen um eine locker durchhängende Leine schließlich auf.

5. **Sie sind oft genervt und leicht reizbar.**
Sie schreien den Hund an, schimpfen ihn, ziehen ihn an den Ohren, packen ihn am Nacken – und so versucht der Hund, so weit wie eben möglich von Ihnen weg zu kommen. Oftmals zieht er dabei zur Seite weg.

Mit anderen Worten: Hören Sie auf, sich so zu verhalten, dass der Hund so weit wie möglich von Ihnen weg sein will. So wird der Hund nicht leinenführig und aus einem solchen Verhalten kann auch keine vertrauensvolle Bin-dung entstehen.

6. **Ihr Hund hat generell einen zu hohen Stresslevel.**
Das macht ihn hektisch, übermäßig bewegungsaktiv und sprunghaft. Das wiederum erschwert es ihm, langsamer zu laufen und sich auf das zu konzentrieren, was er gerade tut.

Wenn wir die verschiedenen Gründe für das Ziehen betrachten, können wir einige Punkte finden, die wir berücksichtigen sollten:

- Lassen Sie sich nicht von Ihrem Hund ziehen. Stopp! Halten Sie an und bleiben Sie ruhig stehen.

- Unterdrücken Sie Ihre Gefühle, wenn Sie wütend sind. Arbeiten Sie nicht mit dem Leinenruck. Lassen Sie es nicht zu, dass Ihr Hund körperliche Schmerzen erleidet und/ oder verängstigt wird, weil Sie gerade schlechte Laune haben und verärgert an der Leine rucken.

- Helfen Sie Ihrem Hund, das Richtige zu tun und loben und belohnen Sie ihn dafür.

- Bauen Sie eine gute Beziehung zu Ihrem Hund auf, sorgen Sie dafür, dass er eine gute Bindung an Sie hat und sich in Ihrer Nähe wohl fühlt. Dann werden Sie weniger Probleme haben, wenn Sie mit ihm spazieren gehen.

- Vermeiden Sie gesundheitliche Probleme, indem Sie nicht an der Leine ziehen oder rucken. Das kann die Schilddrüse, die Halswirbelsäule, den Kehlkopf, die Halsmuskulatur und andere Organe verletzen.

Ein harter Ruck oder auch viele leichte können den Bewegungsapparat Ihres Hundes schädigen. Es kommt zum Beispiel häufig zum Schleudertrauma. Einige Tierärzte vermuten, dass es durch eine gestörte Blutzirkulation zu Sehstörungen kommen kann. Auch der Zusammenhang zwischen Leinenruck und Gehirnschäden wird diskutiert.

Das alles sollte man bedenken, wenn man den Hund an der Leine führt. Am besten wäre es, Sie benutzen ein Geschirr anstatt eines Halsbandes. Es verlagert den Druckpunkt auf den Brustkorb und schont so die Gesundheit Ihres Hundes erheblich.

Das Skelett des Hundes.
Die knöchernen Anteile der
Wirbelsäule und Halswirbelsäule
sind durch die empfindlichen
Bandscheiben miteinander
verbunden.

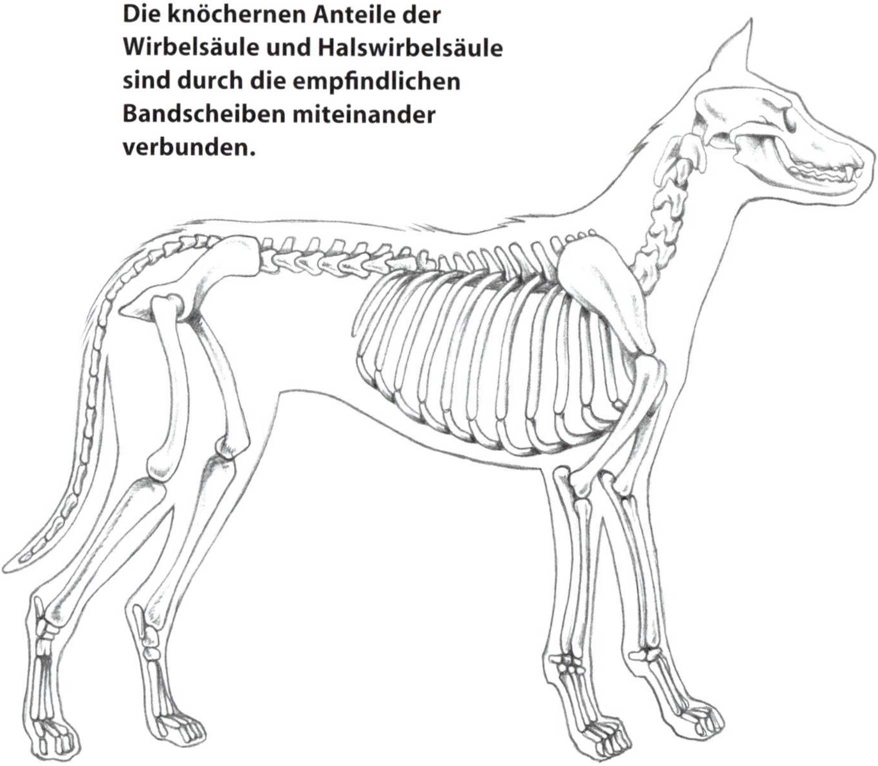

Ziehen und rucken Sie nicht an der Leine und lassen Sie auch den Hund nicht ziehen. Das ist eine der wichtigsten Voraussetzungen dafür, dass Ihr Hund keine gesundheitlichen Probleme bekommt.

FEHLERQUELLEN

- Wenn Sie den Eindruck haben, dass der Hund durch die Übung gestresst wird, müssen Sie genauer darauf achten, was Sie tun. Stehen Sie vielleicht zu lange da, so dass der Hund zwar zu Ihnen zurückkommt, dann aber gleich wieder nach vorne rennt? Dann achten Sie darauf, dass Sie gleich mit ihm in die andere Richtung gehen, sobald er sich zu Ihnen herumdreht. Sonst animieren Sie ihn zum Jojo spielen.

- Kommt der Hund zurück, geht dann aber gleich in die „bei Fuß"-Position? Dann gilt das Gleiche wie oben: Sie warten zu lange. Gehen Sie schneller mit ihm in die andere Richtung los.

- Bringen Sie Ihrem Hund bitte nicht bei, in irgendeiner dieser Phasen dauerhaft Blickkontakt mit Ihnen aufzunehmen. Er wird dann nur lernen, diesen Blickkontakt aufzunehmen und wird sich eventuell bemühen, ihn zu halten. Er wird sich aber nicht auf das konzentrieren, was wir eigentlich von ihm wollen – an einer lockeren Leine zu laufen.

- Nimmt der Hund die Futterbelohnung und haut gleich wieder ab? Dann sollten Sie ein wenig mit dem Leckerchen warten und ihn erst einmal loben. Dann laufen Sie weiter, drehen Sie sich ab und zu mal um und wechseln öfter die Richtung. So ist es interessanter, Ihnen zu folgen.

- Ist der Hund ein wenig zu hektisch in seinen Bewegungen? Gehen Sie langsamer, zum Beispiel so, als ob Sie Vögel beobachten wollten. Entspannen Sie sich! Genießen Sie den Spaziergang! Beeilen Sie sich nicht – sonst wird Ihr Hund das Gleiche tun.

- Will der Hund keine Belohnung? Dann ist er eventuell gestresst. Vielleicht müssen Sie zuerst an seinem Stresslevel arbeiten. Vielleicht brauchen Sie auch nur bessere Leckerchen. Vielleicht sind Sie noch immer etwas zu dominant in Ihrem Auftreten und setzen Stimme und Körpersprache zu herrisch ein. Eventuell gibt es auch zu viele Ablenkungen. Wenn ja, dann suchen Sie sich einen ruhigeren Ort. Vergessen Sie nicht: Es gibt immer einen Grund, wenn ein Hund die Futterbelohnung verweigert. Versuchen Sie herauszufinden, welcher Grund das ist. Verändern Sie die Umgebung und/ oder Ihre Annäherungsweise an den Hund.

- Vergewissern Sie sich, dass der Hund nicht krank ist. Er könnte Schmerzen in den Beinen, im Rücken, an den Zähnen oder an anderen Körperstellen haben, die ihm Probleme bereiten.

- Reagiert Ihr Hund nicht auf das Signal zum Folgen? Auch hier könnte Stress die Ursache sein, denn die Sinnesleistungen werden bei Überforderung herabgesetzt. Der Hund ist kaum ansprechbar, wird regelrecht „schwerhörig". In diesem Fall müssten Sie wieder nach den Ursachen für den Stress suchen. Werden Sie bitte nicht ärgerlich, seien Sie jetzt nicht ungeduldig oder streng mit ihm – er kann nichts dafür!

- Beißt Ihr Hund während des Spaziergangs in die Leine, in Ihre Schuhe oder zergelt er an Ihrem Hosenbein? Wieder ein Anzeichen für Stress. Vor allem bei jungen Hunden, wenn sie müde oder gestresst sind. Dauert der Spaziergang zu lange, sind sie schnell überfordert. Stress kommt bei ihnen auch dann schnell auf, wenn zu viele Umweltreize auf sie einwirken oder der Besitzer zu viel an ihnen herumnörgelt.

Schnüffelt ein Hund so konzentriert, überhört er leicht Ihr Folge-Signal.

- Wenn ein Hund sehr konzentriert an etwas schnüffelt oder sehr interessiert zu etwas hinschaut, so kommt es vor, dass er Ihr Folge-Signal nicht hört. Warten Sie einen Moment lang ab. Bleiben Sie einfach ruhig stehen und versuchen Sie es nach kurzer Zeit noch einmal. Normalerweise wird er nun sofort reagieren. Der Grund hierfür liegt darin, dass Hunde die anderen Sinne „herunterschalten", wenn sie einen sehr konzentriert einsetzen. Mit anderen Worten: Er hört Sie in diesem Moment wirklich nicht.

- Vergessen Sie nicht, dass es für einen Hund viel wichtiger ist, eine Situation zu erfassen und mögliche Konflikte zu vermeiden, als zu gehorchen. Für einen Hund hat Gehorsam keinen Wert. Er führt (auf Kommando) Handlungen aus, um uns zu gefallen oder um eine Belohnung zu erhalten, aber das ist ein erlerntes/ antrainiertes Verhalten. Es hat nicht unbedingt etwas mit dem zu tun, was er wirklich will.

- Reagiert Ihr Hund nur mangelhaft auf das Folge-Signal, könnte es daran liegen, dass Sie zu lange warten, ehe Sie es einsetzen. Geben Sie das Signal so früh wie möglich. Es sollte kommen, wenn er sich in eine Richtung bewegt oder auch nur orientiert, die Sie jetzt nicht wünschen. Geben Sie ihm das Signal zum Beispiel, wenn es so aussieht, als wolle er gleich auf ein Kind zurennen oder eine Person anspringen. Beides kann auf Fremde bedrohlich wirken. Warten Sie mit dem Einsetzen des Signals also nicht, bis er die unerwünschte Handlung bereits ausführt.

Es ist für den Hund viel einfacher zu reagieren, wenn Sie ihn im Ansatz stoppen. Und es ist viel fairer, ihn Fehler gar nicht erst machen zu lassen, statt ihn für Fehler zu korrigieren oder gar zu strafen.

- Machen Sie es Ihrem Hund nicht unnötig schwer und stellen Sie keine übertrieben hohen Anforderungen an ihn. Kaum etwas anderes ruiniert ein eigentlich gutes Training so schnell wie überzogene Erwartungen. Denken Sie daran, wie Sie sich fühlen, wenn man Erwartungen an Sie richtet, die Sie nicht erfüllen können. Ihr Selbstwertgefühl bleibt schnell auf der Strecke.

- Kommt Ihr Hund anfangs gut mit dem Training zur Leinenführigkeit zurecht, verschlechtert sich dann aber? Möglicherweise trainieren Sie zu lange am Stück. Fangen Sie mit kurzen Trainingseinheiten an! Nicht mehr als zehn Minuten, lieber etwas zu wenig als etwas zu viel. Erst später sollten Sie die Einheiten nach und nach verlängern.

- Kommt Ihnen Ihr Hund lustlos und gelangweilt vor und läuft er zwar an lockerer Leine, scheint aber keinen Spaß mehr am gemeinsamen Spaziergang zu haben? Dann haben Sie vielleicht vergessen, auch einmal geduldig zu warten, wenn er gerne schnüffeln möchte. Bedenken Sie, dass er an der Leine darauf angewiesen ist, dass Sie Rücksicht darauf nehmen, wenn er auch einmal stehen bleiben und etwas erkunden möchte.

Schnüffeln ist erlaubt – und gut für den Hund.

AUSRÜSTUNG/ ZUBEHÖR

Empfehlenswert:

Geschirr
Es nimmt den Druck vom Halsbereich und ist somit für den Hund viel angenehmer zu tragen. Es verhindert Verletzungen wie Schleudertrauma, Quetschungen usw.

Es sollte aber keinesfalls eines der Geschirre sein, die enger werden, wenn der Hund zieht und ihm damit Schmerzen zufügen. Sie werden oftmals als „Geh-bei-Fuß-Trainer" angeboten.

Halsband
Am besten aus breitem, weichem Material. Gibt es auch gepolstert. Hunde scheinen sich damit einigermaßen wohl zu fühlen, obwohl Geschirre trotzdem eher zu empfehlen sind.

Verwenden Sie bitte keinesfalls Zughalsbänder, Kettenwürger, Würger mit Stop oder ähnliche Modelle. Selbstverständlich auch keine Stachelhalsbänder.

Leine
Sie darf nicht zu kurz sein, damit der Hund sich etwas um Sie herum bewegen kann, ohne gleich auf Zug zu kommen. Normalerweise sind zwei bis drei Meter Länge ausreichend. Es gibt sie aus Leder, Baumwolle oder Nylon. Viele Modelle kann man bei Bedarf einfach und schnell verlängern oder verkürzen.

Grundsätzlich gilt: Je einfacher, desto besser! Je mehr Teile Sie im Training einsetzen, desto mehr kann schief gehen.

Ein Brustgeschirr schont den empfindlichen Halsbereich des Hundes.

An einem Kopfhalfter geführt zu werden empfinden die meisten Hunde als unangenehm und störend.

Nicht empfehlenswert:

Kopfhalfter/ Halti und ähnliche Teile, die am Kopf angelegt werden

Warum? Weil es sehr unangenehm ist, wenn man am Kopf hin und her gezogen wird. Versuchen Sie es selbst, und Sie werden am eigenen Leib erfahren, wie beklemmend und unangenehm das ist.

Außerdem verhindert ein solches Kopfhalfter, dass sich der Hund ungestört orientieren kann und wählen kann, wohin er schaut und wo er schnüffelt und anderen Hunden ungehindert Kommunikationssignale geben kann. Für sein Wohlbefinden, vor allem aber für seine eigene Sicherheit, ist es aber wichtig, dass er diese Möglichkeiten hat.

Die meisten Hunde werden regelrecht depressiv, und das ist klar ersichtlich. Andere werden nervös mit diesem Ding in ihrem Gesicht, das auch ihre Augen berührt, wenn es entweder nicht richtig passt oder falsch eingesetzt wird. Ist es zu eng, hat der Hund Probleme, normal zu atmen.

Ein nervöser oder depressiver Hund genießt seine Spaziergänge nicht mehr und wird gestresst. Oder es tauchen noch tiefer verwurzelte Probleme auf.

Stachelhalsbänder

Warum? Weil sie weh tun! Probieren Sie selbst eines an. Es verur-sacht wirklich große Schmerzen. Schauen Sie bei Hunden, die ei-nes tragen müssen, unter das Fell, direkt auf die Haut. Dort werden Sie kleine Verletzungen in Form von roter, aufgerissener Haut fin-den.

Wir sollten einem Hund keine Schmerzen zufügen, nur weil wir es nicht schaffen, ihm die Leinenführigkeit beizubringen.

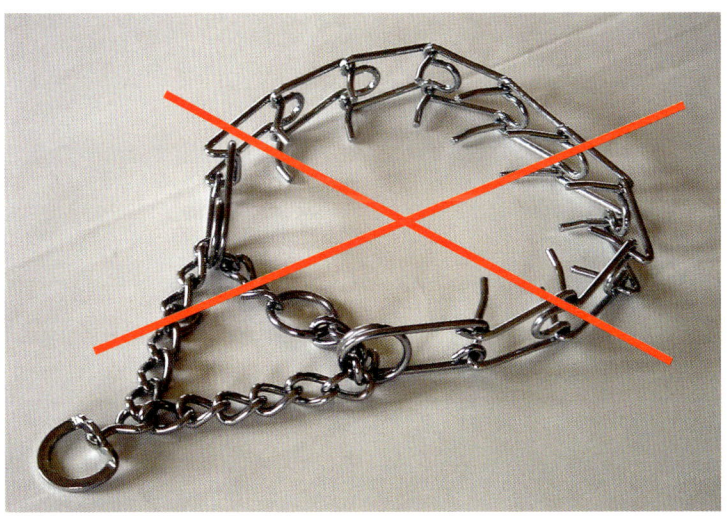

Stachelhalsband – der Hund sollte es niemals angelegt bekommen!

Jegliche Form von Würgehalsbändern, egal ob aus Metall, Leder oder anderem Material, die sich um den Hals des Hundes herum zuziehen.

Warum? Eben weil sie – wie der Name schon sagt – würgen. Die Hunde können nicht vernünftig atmen, und abgesehen davon, dass sie unbequem sind und Schmerzen verursachen, schädigen sie den gesamten Halsbereich des Hundes. Er bekommt nicht genug Sauerstoff und die Blutzirkulation – vor allem im Kopfbereich – kann beeinträchtigt werden. Einige Tierärzte vermuten, dass durch diese gestörte Blutzirkulation Sehstörungen entstehen können, es eventuell sogar zur Blindheit kommen kann.

Ein weiterer ernst zu nehmender Aspekt ist, dass Hunde, wie schon erwähnt, über Verknüpfung lernen. Wird ein Hund nun am Halsband gewürgt, während er gerade einen anderen Hund oder einen Menschen ansieht, so verknüpft er den durch den Würger verursachten Schmerz mit dem, was er gerade anschaut – nämlich dem anderen Hund oder der Person. Das ist der wohl häufigste Grund, warum Hunde lernen, ängstlich und/ oder aggressiv gegenüber Hunden oder Menschen zu sein.

Den Einsatz eines Kettenwürgers sollten Sie ablehnen.

So genannte „Geh-bei-Fuß-Trainings-geschirre" fügen dem Hund Schmerzen zu und sollten deshalb keinesfalls verwendet werden.

„Geh-bei-Fuß-Trainingsgeschirre"/ „Erziehungsgeschirre"

Warum? Aus genau den gleichen Gründen. Das Zufügen von Schmerz, die Einschränkung der Bewegungsfreiheit, das Assoziieren von Schmerz mit irgend etwas, auf das der Hund in diesem Moment fokussiert ist.

Tatsächlich habe ich Hunde im Training gehabt, die solche Angst vor diesen Geschirren hatten, dass sie schrieen und versuchten, sich zu verstecken, als der Besitzer es ihnen anlegen wollte. Wenn man sich überlegt, wie gern Hunde eigentlich spazieren gehen, sagt eine solche Reaktion wohl genug darüber aus, wie viel Schmerzen ihnen diese Geschirre zugefügt haben.

Sehr kurze Leinen

Warum? Weil eine solche Leine die Bewegungsmöglichkeit des Hundes so stark einschränkt, dass er nicht frei laufen, sich kaum umschauen und nicht einmal mit dem Kopf nach unten schnüffeln kann. Wird sie am Halsband befestigt, kommt es zu einem ständigen Druck auf Kehle und Nacken.

Immer wieder sehe ich Hunde, die an sehr kurzen Leinen ausgeführt werden. An ihrem Gesicht, besonders an ihren Augen, kann man sehen, wie depressiv, ängstlich und manchmal sogar regelrecht verzweifelt sie sind.

Ist die Leine zu kurz, lässt sie dem Hund nicht genug Bewegungsfreiheit, um den Spaziergang zu genießen.

Wasserspritzpistolen

Warum? Vor allem wegen dem Lerneffekt. Wie gesagt, Hunde lernen wie fast alle Lebewesen durch Assoziation. Sie werden lernen, den unangenehmen und erschreckenden Wasserspritzer mit Ihnen, Ihrer Handbewegung, einem Ort oder mit irgend etwas, auf das sie gerade fokussiert sind, zu verknüpfen. Dachten Sie, der Hund lernt nicht zu ziehen, wenn Sie ihn mit Wasser bespritzen? Hin und wieder wird mir erzählt, dass es klappt, ich habe das aber noch nie erlebt. Ganz im Gegenteil, Hunde lernen völlig andere Sachen.

Ein Hund lernte zum Beispiel, nicht zu ziehen, wenn der Trainer da war. Ein anderer lernte, Angst vor Wasser zu haben – er versteckte sich, wenn jemand im Haus den Hahn aufdrehte.

Wenn der Hund aufhört zu ziehen (oder zu bellen oder zu springen usw.), wenn der Wasserspritzer kommt, dann nicht weil er gelernt hat, dass er eine bestimmte Handlung unterbrechen oder gar nicht zeigen soll, sondern weil ihn der plötzliche Wasserstrahl in sein Gesicht überrascht hat. Sie würden auch aufhören zu reden (oder was immer Sie gerade tun), wenn jemand etwas nach Ihnen wirft oder Sie mit Wasser bespritzt. Aber heißt das etwa, dass Sie gelernt haben, nicht zu reden? Sie haben nur auf den Überraschungseffekt reagiert.

Was auch immer dem Hund unangenehm ist oder Schmerzen bereitet

Warum? Weil wir in unserer menschlichen Arroganz kein Recht haben, einem anderen Lebewesen Schmerzen zuzufügen. Besonders nicht, wenn es so überflüssig ist und so einfach vermieden werden kann.

LEINENFÜHRIGKEIT BEIM WELPEN

Die Lernregeln für Welpen sind ein wenig anders als die für erwachsene Hunde.

Welpen können sich nur für wenige Sekunden konzentrieren und man kann ein Lebewesen nicht zwingen, länger zu arbeiten, als es ihm möglich ist. Welpen sind Babys – vergessen Sie das nicht. Ein Junghund ist schon groß und sieht fast erwachsen aus, aber auch er ist es nicht. Noch nicht.

- Beginnen Sie die Übungen mit dem Welpen in der ersten Trainingswoche, indem Sie ihn an Geschirr (oder Halsband) und Leine gewöhnen. Legen Sie es ihm sanft an und lassen Sie es ihn eine Weile unter Beobachtung tragen. Achten Sie darauf, dass er sich nicht verheddert.

- Dann bringen Sie ihm das vorher beschriebene Signal bei.

- Wiederholen Sie es ein paar Mal am Tag und der Welpe wird es schnell lernen.

- Benutzen Sie das Signal, um den Welpen von potentiellem Unfug abzuhalten oder vom Untersuchen von Dingen, die Sie nicht untersucht haben möchten. Setzen Sie es ein, bevor er die Gelegenheit hatte, das Falsche zu tun.

Achten Sie aber darauf, dass Sie das Signal nicht zu oft benutzen!

Wenn Sie ihn ständig von allem wegrufen, dann ist das so, als würden Sie die ganze Zeit an ihm herumnörgeln und das stresst und verunsichert ihn. Machen Sie das Haus „welpensicher", indem Sie für eine Weile alles wegräumen, was kaputt gehen oder für den kleinen Hund gefährlich werden könnte. Das ist viel besser, als immer hinter ihm herzurennen, ärgerlich zu werden und den Welpen dadurch unglücklich, frustriert und eventuell sogar ängstlich zu machen. Es ist ja nur für kurze Zeit. Nach ein paar Monaten dürfen die Sachen wieder an ihren Platz.

- Wenn der Welpe das Signal kennt, beginnen Sie, im Wohnzimmer für 10 bis 15 Sekunden hin und her zu laufen. Wenn er einfach folgt, nehmen Sie ihn an die Leine. Vergewissern Sie sich, dass die Leine immer vollkommen locker ist. Ganz kurze Übungen und sofortige Belohnungen sind am effektivsten. Ändern Sie öfter mal die Richtung.

- Beginnen Sie, das Signal auch zu benutzen, wenn der Welpe ein wenig von Ihnen entfernt ist und er kommen soll. Welpen werden sowieso nur aus sehr kurzer Entfernung abgerufen – zwei bis drei Meter anfangs, erst wenn sie älter werden, arbeiten Sie auf größere Distanzen.

Wenn Sie so mit dem Welpen trainieren, lernt er die Leinenführigkeit sozusagen während des Heranwachsens. Sie wird ihm selbstverständlich. Welpen sollten übrigens nur kleine Spaziergänge machen. Gehen Sie im Alter von drei Monaten etwa zehn Minuten mit ihm raus. Jeden Monat werden fünf Minuten hinzugefügt, was bedeutet, dass er einen Spaziergang normaler Länge macht, wenn er ausgewachsen ist – und das wird er dann an locker durchhängender Leine tun!

Dieser Welpe zieht, aber mit etwas Übung lernt er schnell ...

... an locker durchhängender Leine zu laufen.

LEINENFÜHRIGKEIT BEIM ERWACHSENEN UND ALTERNDEN HUND

Es gibt keine Altersbegrenzung zum Lernen. Junge Hunde lernen schnell, vergessen aber auch schnell wieder und brauchen oft mehrere Wiederholungen, ehe sie etwas behalten. Ältere Hunde lernen genauso schnell – und meistens behalten sie es sofort. Sie können sich in der Regel besser konzentrieren und durch ihre Lebenserfahrung wissen sie es zu schätzen, wenn man sie gut behandelt.

Ich liebe es, alte Hunde zu trainieren. Es ist wunderbar zu sehen, wie schnell sie begreifen, wenn man ihnen etwas erklärt. Anhand von zwei Beispielen möchte ich Ihnen erklären, was ich meine:

Beispiel 1

Eine neunjährige Labrador-Hündin zog so stark, dass ihre Brust beinahe am Boden schleifte, ihr keuchendes Atmen hörte sich schrecklich an. Die Halterin hatte vor kurzem eine schwere Sehnenverletzung, so dass sie ihren Job aufgeben musste. Da das Ziehen an der Leine der Grund für diese Verletzung war, sagte man ihr, sie sollte die Hündin abgeben. Die Frau entschied sich aber, es erst mit einem Training zu versuchen und rief mich an.

Die erste Trainingsstunde bleibt mir unvergesslich. Ich musste die Hündin mit all meiner Kraft halten, aber schon nach einigen Augenblicken hatte sie gelernt, was ich wollte, und richtete sich – freudig! – danach. Denn natürlich war es auch für sie so viel angenehmer.

Nach einigen Wochen kam sie zur zweiten Stunde. Es war wie ein Triumphmarsch. Sie lief wie ein Engel an einer vollkommen lockeren Leine und sah zufrieden und glücklich aus. Und so lief sie für den Rest ihres Lebens. Ich sah sie ab und zu mit ihrer Halterin im Dorf. Sie zog tatsächlich nie wieder.

Ein älterer Hund versteht genau, wenn sich etwas zum Besseren verändert. Sie hatte bisher nur nie die Chance gehabt, die Leinenführigkeit zu erlernen!

Beispiel 2

Etwas Ähnliches passierte mit einem 13 Jahre alten Golden Retriever, der mit seinem Herrchen zu mir kam. Nicht weil der Halter mit ihm trainieren wollte oder dachte, er könnte dem Hund in diesem Alter noch etwas beibringen. Er war nur neugierig, wie ich mit Hunden arbeite und welche Methoden ich einsetze.

Ich trainierte nur ein paar Minuten mit diesem Hund, denn er war alt, hatte solche Übungen noch nie gemacht und wurde schnell müde. Schon nach acht bis zehn Minuten simplen Trainings hörten wir auf und gingen langsam zum Auto zurück. Der Hund ging an einer lockeren Leine und schaute ab und zu seinen Halter an. Der war offensichtlich sehr nachdenklich, beinahe geschockt und sagte nichts, bis er kurz davor war, in sein Auto einzusteigen. Dann drehte er sich um und sagte: „Zum ersten Mal in seinem ganzen Leben hat der Hund mich angesehen, während wir zusammen unterwegs sind".

Alte Hunde lernen, und zwar schnell. Und es bleibt. Vergessen Sie aber nicht, dass alte Hunde auch schnell müde werden.

Kurz und gut, das ist der Weg, sie zu trainieren.

WANN DIESES TRAINING NICHT SINNVOLL IST

Bevor Ihr Hund nicht wirklich gut trainiert und sehr geübt in der Leinenführigkeit ist, sollten Sie nicht von ihm verlangen, an locker durchhängender Leine zum Park zu laufen, wo er gleich viel Spaß mit anderen Hunden haben wird. Dies gilt auch für andere Orte, auf die er sich sehr freut. Das ist für den Anfang zu viel verlangt.

Sie können anfangs auch nicht erwarten, dass der Hund einen langen Spaziergang über immer an lockerer Leine läuft. Zu Beginn ermüden ihn fünf bis zehn Minuten, weil er sich ja auf die Übung konzentrieren muss. Später wird er länger durchhalten, und dann noch länger. Wenn er die Übungen zur Leinenführigkeit und das Folge-Signal schon einige Male ausgeführt hat und in diesen Übungen immer sicherer wird, kann er einen ganzen Spaziergang lang an lockerer Leine laufen. Es liegt aber an Ihnen, ihm vorher ausreichend Zeit zum Üben zu geben, bevor Sie diese Leistung von ihm erwarten.

Wird Ihr Hund müde oder gestresst, fängt er an in die Leine zu beißen oder andere Hunde anzubellen, so ist dies in der Regel ein Zeichen dafür, dass Sie es mit dem Training etwas übertrieben haben. Jetzt ist er nicht mehr aufnahmefähig und braucht erst mal eine Pause.

Für eine kurze Strecke können Sie ein Leckerchen in die Hand nehmen und es dem Hund so vor die Nase halten, dass er diesem einfach folgt.

Wenn Sie die Trainingsmethode im Moment nicht anwenden können, aber trotzdem spazieren gehen möchten, können Sie Folgendes tun:

- Hinsetzen und eine Pause machen.

- Den Hund von der Leine lassen (nicht immer möglich).

- Eine andere Leine benutzen oder von Halsband auf Geschirr/ Geschirr auf ein anderes Geschirr wechseln und den Hund ziehen lassen. Sie werden schnell feststellen, dass er zumindest nicht mehr so stark wie vorher zieht.

- Auf und ab laufen, oder in eine Richtung laufen, die nicht so interessant ist.

- Für eine kurze Strecke können Sie ein Leckerchen in die Hand nehmen und es dem Hund so vor die Nase halten, dass er diesem einfach folgt.

- Rückwärts laufen (nicht alle Orte sind geeignet!): Halten Sie die Hand mit einem Leckerchen vor den eigenen Körper in Höhe der Taille, und der Hund wird Ihnen folgen.

Wenn der Hund sehr gestresst, aufgeregt oder ängstlich ist, macht ein Training keinen Sinn, denn wenn der Stresslevel zu hoch ist, kann sich der Hund nicht mehr konzentrieren. Üben Sie zu einem anderen Zeitpunkt an einem anderen Ort.

**Rückwärts laufen:
Halten Sie die Hand mit einem Leckerchen in Höhe der Taille, und der Hund wird Ihnen folgen.**

WESHALB WIR NICHT MIT STRAFREIZEN UND „NEGATIVEN BOTSCHAFTEN" ARBEITEN

Wie schon erwähnt, besteht ein hohes Verletzungsrisiko mit ernsthaften gesundheitlichen Schäden für Ihren Hund, wenn Sie ihn am Halsband führen, während er zieht oder Sie eventuell auch noch an der Leine rucken.

Da es viele Hunde gibt, die Probleme mit der Halswirbelsäule, dem Rücken oder einer beschädigten Schilddrüse haben, sollte man dies ernsthaft in seine Überlegungen miteinbeziehen.

Ein weiterer wichtiger Punkt ist, dass der Hund während des Trainings eine falsche gedankliche Verknüpfung herstellt.

Sind wir zum Beispiel schon zu Beginn der Übungen gereizt, werden wir leicht nervös, gestresst oder frustriert, ist das dem Training zur Leinenführigkeit nicht dienlich und macht dem Hund das Leben unnötig schwer.

Im Gegenteil: Der Hund kann sogar Angst vor Ihnen bekommen, obwohl Sie doch seine Bezugsperson sein sollen, der er vertraut. So etwas kann viele weitere Probleme nach sich ziehen.

Im schlimmsten Fall verknüpft Ihr Hund negative Botschaften während des Trainings mit einem anderen Hund oder Menschen, den er gerade in dem Moment ansieht, in dem die schmerzhafte und/oder Angst einflößende Einwirkung von Ihnen kommt.

LERNEN DURCH ASSOZIATION

Man weiß, dass Hunde durch Assoziation, also eine gedankliche Verknüpfung lernen.

Ivan Pawlow hat das schon vor über 100 Jahren herausgefunden und wir haben noch immer nicht gelernt, wie dieses Wissen richtig eingesetzt werden kann.

Es funktioniert so:

Ihr Hund schaut gerade etwas an, zum Beispiel einen Hund (wie sehr oft), eine erwachsene Person, ein Kind oder einen Gegenstand. In diesem Augenblick passiert etwas für den Hund Schmerzhaftes, Angst einflößendes oder sonst Schreckliches, zum Beispiel dadurch, dass Sie gerade mit wütender Stimme „NEIN!" brüllen, an der Leine rucken oder ihn sogar in sein Ohr zwicken.

In den meisten Fällen wird der Hund die negative Einwirkung mit dem gedanklich verknüpfen, was er gerade angeschaut hat. Und nun hat Ihr Hund Angst vor anderen Hunden oder Personen, oder er weiß zumindest nicht, was er von ihnen halten soll und reagiert deshalb verunsichert und ablehnend, was wir dann als „aggressiv" bezeichnen.

Manche Menschen rucken an der Leine, um einem Hund beizubringen, nicht zu ziehen. Das Ergebnis ist ein Hund, der aggressiv gegenüber Artgenossen reagiert, weil er sie angeschaut hat, als der schmerzhafte Ruck kam und somit die falsche gedankliche Verknüpfung hergestellt hat.

Etwas für den Hund Unangenehmes kann natürlich auch ohne Ihre Absicht oder Ihr Zutun passieren. Vielleicht erschrickt sich Ihr Hund durch einen versehentlich herunterfallenden Gegenstand, während er gerade jemanden anschaut. Oder er kommt an einen elektrisch geladenen Zaun, während er gerade die Pferde auf der Weide ansieht. So etwas kann uns allen mit unserem Hund passieren.

In jedem Fall sollten wir uns immer darüber bewusst sein, dass Hunde über Verknüpfung lernen. Die meisten unerwünschten Verhaltensweisen entstehen durch negative Assoziation.

Wenn wir also das Prinzip des Lernens über Verknüpfung verstehen, können wir solche Auslösesituationen in vielen Fällen vermeiden und somit verhindern, dass wir ängstliche oder aggressive Hunde haben, die auf Hunde, Kinder, Radfahrer oder andere Menschen unerwünscht reagieren.

Vorausschauendes Denken ist natürlich am besten. Aber kam es einmal zu einer Fehlverknüpfung, können wir diese mit Hilfe von gezielten Trainingsprogrammen auch wieder ändern. Schauen wir uns zunächst aber ein paar Beispiele von unerwünschten Verknüpfungen an:

Beispiel 1:

Ein weiblicher Basenji-Welpe wurde von einer Frau nach Hause zum aufgeregt wartenden Ehemann gebracht. Genau in dem Augenblick, in dem die Küchentür geöffnet wurde und der Welpe den Mann zum ersten Mal sah, fiel ein umfallender Besen auf den kleinen Hund. Der Welpe erschrak sich fürchterlich und hatte von nun an panische Angst vor dem Mann. Als das Ehepaar anderthalb Jahre später zu mir kam, fürchtete sich die Hündin noch immer vor ihm, was dem Mann, der den Hund wirklich mochte, sehr leid tat.

Beispiel 2:

Ein Norwegischer Elchhund wurde auf einer Hundeschau gezeigt. Der Richter hatte die Hündin beim Vermessen versehentlich mit der Messlatte verletzt. Von diesem Zeitpunkt an hatte sie Angst vor Menschen und ließ niemanden mehr an sich heran. Glücklicherweise schaltete der Halter sofort und kam gleich nach dem Unglück mit der Hündin zum Training. Fünf Monate später war sie wieder die alte und konnte auch wieder an einer Zuchtschau teilnehmen. Bei dieser Schau erhielt sie die letzte Auszeichnung, die ihr Halter für sie als Zulassung zur Zuchthündin brauchte.

Beispiel 3:

Eine Frau hatte große Angst, ihr Labrador könnte Kinder anspringen und diese eventuell dabei verletzen. Jedes Mal, wenn sich der Hund einem Kind nähern wollte, schrie sie „Nein!" und ruckte an der Leine. Innerhalb kürzester Zeit wandelte sich die Liebe des Hundes zu Kindern in Hass. Er konnte Kinder nicht ausstehen, egal in welcher Entfernung sie sich befanden.

Dieses Beispiel zeigt die wohl häufigste Ursache, weshalb Hunde auf andere Hunde, Menschen usw. negativ reagieren. Dabei sind solche unerwünschten Verknüpfungen so unnötig – wenn wir uns immer wieder bewusst machen, dass Hunde über Assoziation lernen, können wir solche Situationen leicht verhindern. Gleichzeitig ist es so einfach, den Hund mit seinem vorher erlernten Signal an dem Kind vorbei zu lotsen. Man könnte ihm auch beibringen, dass man sich vor Kindern absetzt und vorsichtig ist, wenn man sie begrüßen möchte.

Man kann Hunden natürlich auch beibringen, dass man sich vor Kindern absetzt und vorsichtig ist, wenn man sie begrüßen möchte.

Beispiel 4:

Ein Hund und sein Herrchen nahmen an einem Gruppenkurs teil. In einer Übung, die zu lange und anstrengend war, wurde der Hund durstig und ging zum Wassernapf, um zu trinken. Die Trainerin sah das, raste auf den Hund zu, warf sich auf ihn und schrie aus vollem Halse „NEEEEEEEEIN!".

Der Hund war geschockt und traute sich nicht mehr zu trinken. Er traute sich auch nicht mehr zu trinken, als er mit seinem Herrchen nach Hause kam. Als der Halter mich zwei Tage später anrief, traute sich der Hund noch immer nicht, irgendetwas zu trinken und stand kurz vor dem Kollaps. Er hätte sogar sterben können. Welch unnötiges Leiden für einen Hund, der nur trinken wollte, als er durstig war.

Wir müssen lernen, besser über die Konsequenzen unseres Handelns nachzudenken. Eine falsche Aktion unsererseits kann lang anhaltende Probleme für den Hund nach sich ziehen. Viele Hunde werden eingeschläfert, weil sie durch unser Verhalten Fehlverknüpfungen hergestellt haben, die zu Verhaltensproblemen führten.

Diese Fehler werden aber nicht nur von Hundehaltern gemacht, sondern auch von Trainern, die es eigentlich besser wissen sollten.

Allgemeines Beispiel:

Sie wollen Ihrem Hund das Apportieren beibringen. Als er den Dummy aufhebt und beginnt, darauf herumzukauen, schreien Sie „Nein!".

Sie meinen: „Kau nicht auf dem Bringsel". Der Hund verknüpft aber in den meisten Fällen, dass das „Nein!" mit dem Ball in seinem Mund zu tun hat. Er lässt ihn fallen und hat Angst, ihn wieder aufzunehmen. Schon viele gute Trainingsansätze zur Apportierarbeit wurden so zerstört.

Nehmen wir ein anderes Beispiel: Wenn Sie jedes Mal „Nein!" rufen, wenn Ihr Welpe etwas aus Neugier in den Fang nimmt oder es spielerisch benagt, wird er bald lernen, dass es gefährlich ist, etwas in den Mund zu nehmen, und Sie werden später große Schwierigkeiten haben, wenn Sie ihm das Apportieren beibringen wollen.

Ein Freund von mir übernahm eine vierjährige Hündin, die es nicht wagte, irgendetwas in den Fang zu nehmen. Keine Spielzeuge, keine Kauknochen, nichts, das nicht ganz klar zum Essen bestimmt war. Da diese Hündin großen Spaß an allen Suchspielen hatte, wollte ihr mein Freund das Apportieren beibringen. Sie brauchte drei Jahre, bis sie über ihre Angst hinwegkam, etwas in den Fang zu nehmen. Selbst dann war es noch so, dass man sie dabei auf gar keinen Fall ansehen durfte, sonst ließ sie es sofort fallen. Und das alles nur, weil sie als Welpe ständig „Nein!, Nein!, Nein!" zu hören bekommen hatte.

ZUSAMMENFASSUNG

1. Arbeiten Sie keinesfalls über aversive Reize wie Anschreien, in die Ohren zwicken, im Nacken schütteln, „Nein!" brüllen oder andere Strafen, wenn Ihr Hund zieht.

2. Bringen Sie dem Hund ein neutrales Signal bei, um seine Aufmerksamkeit zu erhalten. Er muss dabei aber keinen dauerhaften Blickkontakt mit Ihnen aufnehmen.

3. Entfernen Sie sich ein paar Schritte von ihm, damit er Ihnen folgt.

4. Machen Sie die gleiche Übung an einer locker durchhängenden Leine.

5. Fangen Sie langsam an, auch an anderen Orten zu üben und steigern Sie allmählich den Grad der Ablenkungen.

6. Belohnen Sie den Hund nur noch ab und zu, hören Sie aber nie ganz mit der Belohnung auf.

7. Beginnen Sie, die Übungen in vielen verschiedenen Situationen anzuwenden, in denen der Hund von etwas weggehen, an etwas vorbeilaufen oder etwas in Ruhe lassen soll.

8. Vergessen Sie nicht, dass Leinenführigkeit nicht gleichzusetzen ist mit „bei Fuß" gehen. Der Hund kann rechts oder links, vorne oder hinten laufen. Er darf schnüffeln und sich umschauen – er soll nur nicht ziehen.

9. Überprüfen Sie Halsung und Leine und gegebenenfalls die Gesundheit Ihres Hundes und arbeiten Sie – falls nötig – auch am Sozialverhalten.

10. Wenn der Hund zieht oder jemanden anspringt, bleiben Sie einfach für einige Sekunden still stehen. Dann geben Sie das eintrainierte Signal, damit er Ihnen seine Aufmerksamkeit zuwendet.

Für einen Hund ist es etwas ganz und gar Natürliches, neugierig zu sein. Es ist nicht sinnvoll, ihn für etwas bestrafen oder maßregeln zu wollen, das in seinen Augen zum vollkommen normalen Verhaltensrepertoire gehört.

Sie können das Ziehen oder Anspringen vermeiden, indem Sie das Signal geben, bevor er tatsächlich zieht oder springt. Sind Sie schnell genug, können Sie verhindern, dass es überhaupt passiert.

DIE ANWENDUNG IM ALLTAG

Manchmal bewundere ich die Leute.

Eine Schülerin und ihr Hund kamen vor ein paar Wintern in sehr ungewöhnlicher Weise zu mir. Die Frau kam mit voller Geschwindigkeit einen Hügel hinab. Auf dem Boden sitzend, die Beine nach vorne ausgestreckt, hielt sie sich an der Leine eines sehr glücklichen, sehr schnell rennenden Berner Sennenhundes fest, der den Spaß seines Lebens hatte, die Ohren im Wind flatternd, ein breites Lachen auf dem Gesicht.

Die Frau war nicht ganz so glücklich. Sie war aber froh, als der Hund schließlich anhielt. Auf der vereisten Straße hatte sie mit einem ziehenden Hund dieser Größe absolut keine Chance gehabt, auf den Füßen zu bleiben und so legten sie diesen spektakulären Auftritt hin.

Ich mag es, solch großartigen Leuten und ihren Hunden zu helfen. Die Methode, die ich entwickelt habe, hilft ihnen, mit allen Situationen, die im Alltag auf sie zukommen, zurechtzukommen und sie hilft uns Menschen, Situationen auf sanfte Art zu kontrollieren.

Denken Sie an all die Gelegenheiten, bei denen Sie dieses Training anwenden können. Beim Spazierengehen, zu Hause, wo immer Sie wollen.

Zum Beispiel können Sie dieses Training daheim anwenden, wenn der Hund zu einem Gast gehen möchte, insbesondere wenn dieser Gast Angst vor Hunden hat. Sie geben das Signal und der Hund kommt zurück.

Ihr Hund rennt fröhlich auf ein Kind zu. Sie können ihn durch den Einsatz des Signals stoppen, ohne in ihm eine falsche, negative Assoziation auszulösen. Sie müssen ihm nicht sagen, dass er dieses oder jenes lassen soll. Das Signal ist ja nicht negativ und klingt auch nicht verärgert.

Stellen Sie sich vor, jemand öffnet die Tür und der Hund ist gerade nach draußen gesaust. Mit dem Signal können Sie ihn zurückrufen, ohne nach ihm zu greifen, streng zu werden oder ihn zu erschrecken.

Es gibt viele Möglichkeiten, die Übung beim Spazierengehen einzusetzen und es ist einfach, das Signal in kritischen Situationen parat zu haben. Da es immer das gleiche Signal ist, werden Sie es schon nach kurzer Zeit ganz selbstverständlich und automatisch benutzen, ohne lange nachdenken zu müssen.

Kommen zum Beispiel bei einem Waldspaziergang mehrere Jogger auf Sie zugelaufen, geben Sie einfach das Signal und Ihr Hund geht mit Ihnen an den Wegesrand und lässt die Gruppe vorbei.

Vielleicht kommt ein Fahrradfahrer mit hohem Tempo auf Sie zu. Sie können schnell reagieren und Ihren Hund aus dem Weg nehmen, indem Sie das Signal geben, sobald Sie den Fahrer sehen und dann selbst aus dem Weg gehen. Kein Gezerre an der Leine, kein hektisches Rufen, das den Hund eventuell in unerwünschter Weise reagieren lassen würde.

Entdecken Sie etwas Essbares auf dem Boden, so können Sie Ihren Hund mit dem Signal umlenken und ihm so helfen, der Versuchung zu widerstehen.

Entdecken Sie etwas Essbares auf dem Boden, so können Sie Ihren Hund mit dem Signal umlenken und ihm so helfen, der Versuchung zu widerstehen.

Sie gehen an einem Gartenzaun vorbei, an dem Ihr Hund sein Bein heben möchte. Viele Menschen reagieren darauf ärgerlich, weil sie es nicht mögen, wenn ihr Zaun angepinkelt wird. In einer solchen Situation geben Sie ihm einfach das Signal und führen Sie ihn an eine andere Stelle, wo er in Ruhe pieseln kann.

Kommt eine Gruppe Schulkinder schreiend und lachend auf Sie zu, die praktisch die gesamte Breite des Bürgersteiges in Anspruch nehmen, so geben Sie das Signal, gehen in einem kleinen Bogen auf der Straße um die Kinder herum oder wechseln einfach die Straßenseite. Währenddessen können Sie Ihren Hund loben und belohnen, der trotz des ganzen Trubels ruhig mit Ihnen weiterläuft.

Mit anderen Worten: Haben Sie das Signal einmal positiv verknüpft aufgebaut, können Sie es in vielen Situationen und für viele Dinge im Alltag einsetzen. Dabei stellt Ihr Hund niemals eine negative Assoziation her und hat auch niemals den Eindruck, dass Sie ärgerlich mit ihm sind.

Versuchen Sie es und Sie werden erkennen, wie einfach und nützlich es ist.

Nicht nur für den Hund, sondern auch für uns Menschen. Denn wir müssen uns nicht viele verschiedene Kommandos für unterschiedliche Situationen merken, sondern nur dieses eine Signal.

Diese Hunde gehen an locker durchhängender Leine aneinander vorbei. Ist eine Kontaktaufnahme in einer bestimmten Situation nicht möglich, läuft der Hund nach Einsetzen des Folge-Signals mit Ihnen weiter.

Radfahrer auf Spazierwegen sind auch für geübte Hunde eine starke Ablenkung ...

... aber nach einem kurzen Folge-Signal ...

... gehen alle wieder entspannt weiter.

ÜBUNGEN IN DER GRUPPE

Sie können die Methode natürlich auch beim Gruppentraining einsetzen. Es funktioniert wunderbar und mit ein paar kreativen Ideen können Sie und die Hunde viel Spaß haben.

Wenn die Hunde sehr aufgeregt sind, schaffen Sie ausreichend Distanz zwischen ihnen, verlangen Sie anfangs nicht zu viel und arbeiten Sie nicht mit allen auf einmal.

Es könnte eine gute Idee sein, die Übungen auch mal zu variieren, um für Abwechslung zu sorgen. Haben Sie einfach Spaß mit Ihrem Hund. Sie können auch einen kleinen Wettkampf erfinden oder weitere praktische Trainingsmöglichkeiten entwickeln.

Übungsvorschläge:

1. Platzieren Sie zwei Gegenstände fünf bis sechs Meter voneinander entfernt. Üben Sie die Leinenführigkeit, indem Sie in einer Achterschlinge um die zwei Gegenstände herumlaufen. Diese Gegenstände können alles Mögliche sein, Stühle, Eimer, Hüte oder sogar große Steine. Variieren Sie die Objekte von Zeit zu Zeit, um die Übung etwas abwechslungsreicher und interessanter zu gestalten.

2. Platzieren Sie fünf oder sechs Gegenstände in einer Reihe und laufen Sie mit Ihrem Hund Slalom. Nach ein paar Durchgängen können Sie den Schwierigkeitsgrad erhöhen, indem der Hundeführer einen vollen Wasserbecher mit der Hand tragen muss, die die Leine hält. Statt dem Wasserglas können Sie auch einen Löffel mit einer Kartoffel, einem Pilz oder einem hart gekochten Ei darauf benutzen.

3. Üben Sie, an Menschen und Gegenständen vorbeizugehen. Lassen Sie eine Person auf Hund und Halter zugehen, damit der Hundehalter üben kann, das Signal rechtzeitig genug zu geben, um problemlos auszuweichen.

4. Verteilen Sie viele verschiedene Gegenstände (Stühle, Bälle, Taschen, Puppenwagen, Kessel, Schuhe...) und lassen Sie Hund und Mensch dazwischen durchgehen.

   Wenn Sie daraus einen kleinen Wettkampf machen wollen, können Sie für das Berühren von Gegenständen Punkte abziehen.

5. Üben Sie das Vorbeigehen an Radfahrern. Die Hunde sollen an lockerer Leine ohne besondere Reaktionen vorbeilaufen, schauen dürfen sie aber.

Benutzen Sie Ihre Kreativität und erfinden Sie Übungen, die den Leuten helfen, die Leine korrekt zu handhaben und den Hund in allen Situationen sanft und sicher zu führen.

KURZE WIEDERHOLUNG

1. Halten Sie an, wenn die Leine auf Zug kommt oder gleich kommen wird.

2. Setzen Sie das Signal zur Freifolge ein.

3. Loben Sie den Hund, wenn er reagiert.

4. Gehen Sie in die entgegengesetzte Richtung.

5. Belohnen Sie den Hund, wenn er Ihnen folgt.

6. Wiederholen Sie die Übung und wechseln Sie dabei öfter mal die Richtung.

GEDANKEN ZUM SCHLUSS

Mein Wunsch wäre es, in einer Gesellschaft zu leben, in der Hunde so respektiert und geachtet werden, wie sie sind.

Es wäre ein Ort, an dem Hunde im Ortsbereich an befahrenen Straßen entspannt mit einem Geschirr und an lockerer Leine ausgeführt würden und in Parks, Wäldern und Feldern ohne Leine toben könnten. Kein Herumgeschreie, kein Ärger, nur eine freundliche und angenehme Atmosphäre zwischen Hund und Halter – und anderen Menschen. Niemand würde an einer Leine rucken oder an einem Hund herumziehen. Hunde dürften an interessanten Gerüchen verweilen und in aller Ruhe schnüffeln und alles betrachten, was gerade um sie herum vor sich geht.

Hört sich das nicht gut und vor allem sehr entspannt an? Es ist möglich und gar nicht so schwer zu erreichen. Um diesen Zustand zu erreichen, bräuchte es nur etwas Aufmerksamkeit und Verständnis und ein Minimum an Arbeit.

Beginnen Sie jetzt gleich, Ihr Training sorgfältig zu planen. Gehen Sie in kleinen Arbeitsschritten vor und überfordern Sie Ihren Hund nicht. Entscheiden Sie sich dafür, der beste Freund Ihres Hundes zu werden – und er wird automatisch Ihrer.

Denken Sie nicht so viel an das Einüben von Kommandos. Denken Sie lieber mehr an die Bindung zwischen Ihnen und Ihrem Hund – der Rest kommt von selbst.

Wenn Sie ihm beibringen, an lockerer Leine zu laufen und wenn Sie seine natürliche Neugier und sein natürliches Erkundungsverhalten respektieren, wird sich die Beziehung zu Ihrem besten Freund weiter entwickeln und vertiefen.

ÜBER DIE AUTORIN

Turid Rugaas gründete und leitet die Hagan Hundeskole in Norwegen und arbeitet inzwischen seit mehr als 30 Jahren hauptberuflich mit Hunden. Sie arbeitete zunächst in verschiedenen Vereinen, bis ihr die dort üblichen, starren Kursinhalte nicht mehr zusagten. Daraufhin entwickelte sie ihre eigene Trainingsmethode, nahm erfolgreich an zahlreichen Prüfungen und Wettbewerben zur Gebrauchstüchtigkeit und zum Grundgehorsam von Hunden teil und beschäftigte sich u.a. mit der Ausbildung von Rettungshunden.

Ende der achtziger Jahre begann sie zusammen mit ihrem Kollegen Stale Odegard die Beschwichtigungssignale von Hunden langfristig und umfassend zu erforschen. Ergebnisse dieses Projekts sind u.a. ein Buch und ein Film, die inzwischen um die Welt gegangen sind.

Turid Rugaas bildet Hundetrainer in vielen europäischen Ländern aus und gibt hier ihre Erfahrungen zum Ausdrucksverhalten der Hunde und zu Themen wie Beschwichtigungssignale, Angst, Stress, Bellverhalten und Erziehung weiter. Sie ist eine international gefragte Referentin und berät Hundebesitzer in aller Welt.

LITERATURVERZEICHNIS

James O'Heare: Das Aggressionsverhalten des Hundes –
                        ein Arbeitsbuch
James O'Heare: Trennungsangst beim Hund – ein Arbeitsbuch
Anders Hallgren: Rückenprobleme beim Hund
Barry Eaton: Dominanz – Tatsache oder fixe Idee?
Ray + Lorna Coppinger: Hunde
Cindy Engel: Wild Health – Gesundheit aus der Wildnis
Suzanne Clothier: Es würde Knochen vom Himmel regnen

Jean Donaldson: Hunde sind anders ...
Konrad Lorenz: So kam der Mensch auf den Hund
Karen Pryor: Positiv bestärken, sanft erziehen

David Mech: articles from 1999 – 2002
Daniel Tortora: Right dog for you
Graham & Vlamis: Bach flower remedies for animals
Ian Dunbar: Dog behaviour
Ian Dunbar: Good little dog book
Jeffrey Masson: When elephants weep
John Fisher: Dogwise, think dog!
Morgan Spector: Clickertraining for Obedience
Nicole Wilde: So you want to be a dogtrainer
Pamela Reid: Excel-erated learning
Patricia McConnell: Cautious canine
Patricia McConnell: The other end of the leash

Roger Abrantes: Evolution of Canine Social Behaviour
Roy Hunter: Fun nosework with dogs
Silvia Hartmann-Kent: Training your dog with love
Ted Baer: How to teach old dogs new tricks
Linda Tellington-Jones: Get in Ttouch with your dog
Terry Ryan: The toolbox
Weston & Ross: Dog problems –
                          the gentle modern cure

Ahlbom/ Geneborg: Rasekunnskap
Egtvedt & Koste: Klikkertrening for din hund
Lars Fält: Hundens sprak och flockliv
Mickie Gustafson: Valpen, Unghunden
Bergljot Borresen: Kunsten a bli tam, Den ensomme apen

ZUM WEITERLESEN ...

CALMING SIGNALS
Die Beschwichtigungssignale der Hunde

Turid Rugaas

Wie ihre Vorfahren, die Wölfe, leben Hunde in Familienverbänden, die über ein fein abgestuftes Kommunikationssystem zur gegenseitigen Verständigung verfügen. Ihr Sozialverhalten ist zu einem wesentlichen Teil durch Strategien zur Konfliktvermeidung innerhalb des Rudels bestimmt. Forschungen beschreiben bestimmte Merkmale ihrer Körpersprache als „cut off signals". Sie dienen dazu, Aggressionen zu stoppen oder gar nicht erst aufkommen zu lassen. Lange Zeit glaubte man, dass diese Signale im Verhaltensrepertoire von Hunden nicht zu finden seien.

Turid Rugaas, eine der weltweit angesehensten Hundetrainerinnen, bewies das Gegenteil. Sie hat über zwanzig Jahre lang diese Phänomene bei Hunden beobachtet und mit dem Begriff der „Beschwichtigungssignale" einer breiten Öffentlichkeit zugänglich gemacht. In diesem Buch erklärt sie, warum, wann und wie Beschwichtigungssignale von Hunden eingesetzt werden. Ebenso beschreibt sie, wie wir Menschen die Signale erkennen, deuten und sogar selbst einsetzen können. So wird es jedem möglich, zu einem besseren Verständnis seines eigenen, aber auch fremder Hunde zu gelangen.

Hardcover, 104 Seiten, mit zahlreichen farbigen Abbildungen und Fallbeispielen.

ZUM WEITERLESEN ...

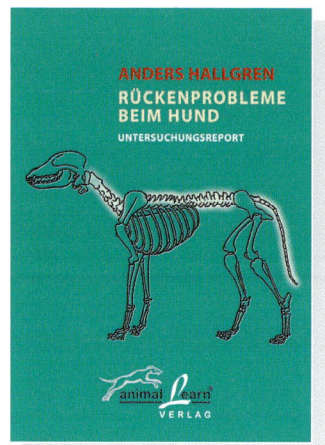

RÜCKENPROBLEME BEIM HUND
Untersuchungsreport

Anders Hallgren

Anders Hallgren, der bekannte Psychologe und Hundetrainer aus Schweden, beschreibt in dieser Studie ausführlich die Auswirkungen von Rückenproblemen, anderen Gelenkerkrankungen und damit verbundenen Schmerzen auf das Wesen und Verhalten unserer Hunde.

Er berichtet über mögliche Ursachen und gibt wertvolle Ratschläge, welche Behandlungsmethoden bei der Heilung oder Linderung erfolgversprechend sind. Er erklärt, worauf beim Trainieren verschiedener Hundesportarten zu achten ist und welche Präventivmaßnahmen jeder Hundebesitzer ergreifen kann, damit sein Tier gesund und fit bleibt.

Ein wertvoller Ratgeber für jeden, der mit Hunden lebt und arbeitet.

Paperback, 56 Seiten, mit zahlreichen farbigen Abbildungen.